Claudia Souto e Paulo Augusto

Iansã

Lendas, arquétipo e teologia

Copyright © 2020 Editora Rochaverá Ltda. para a presente edição

Todos os direitos reservados para a Editora Rochaverá Ltda. Nenhuma parte desta edição pode ser utilizada ou reproduzida por qualquer método ou processo sem a expressa autorização da editora.

Título
Iansã
Lendas, arquétipo e teologia

Autores
Claudia Souto / Paulo Augusto

Revisão
Ileizi Jakobovski / Alexandra Baltazar

Capa
Fábio Galasso / Thiago Calamita

Edição e Diagramação
Fábio Galasso

Internacional Standard Book Number
ISBN: 978-65-00-08538-9 / 64 páginas

Sumário

Introdução - 6

Lendas, arquétipo e definições de Iansã - 8

Definições - 9

Os Orixás segundo as tradições religiosas - 9

Lendas do Orixá Iansã - 11

Fortaleza de Iansã - 13

Arquétipo e semelhança - 15

Características dos filhos de Iansã - 16

Santa Bárbara - 18

Sincretismo de Iansã e Santa Bárbara - 21

Iansã e as guerras - 24

Iansã, a energia que nos move - 26

A liberdade - 30

Teologia Espírita Iansã - 32

Natureza santa e os Santos - 33

Porque representam as forças da natureza - 39

Teologia espiritual e a força dos ventos - 41

O vento - 43

Liberdade dos filhos de Iansã - 45

O espírito vento - 49

Abrigo divino - 51

Devocionário aos Santos e Servos de Deus - 54

Conhecendo os Santos - 55

Falando com Deus através dos Santos - 57

Santificados sejam todos os Santos - 59

Louvados sejam todos os Santos - 61

INTRODUÇÃO

Este livro surgiu da real necessidade dos espíritas e filhos deIansã terem algo segmentado em que pudessem pesquisar e aprender ainda mais sobre essa santidade, fonte de energia de luz espiritual divina de uma forma mais sacrossanta e não somente através das lendas e histórias de vossa unidade.

O conteúdo deste livro está dividido em duas partes, sendo a primeira parte a história sobre as lendas e o arquétipo segundo o entendimento popular e as tradições das religiões de matrizes espírita/africana e a segunda parte um conteúdo teológico espiritual segundo as orientações e ensinamentos de A Bíblia Real, a primeira Bíblia Espírita do mundo.

E para facilitar este entendimento teológico inserimos uma introdução teológica sobre a mediunidade e as forças espirituais que regem e governam essas forças santificadas em terra para lhe ajudar na busca e no entendimento Santo em relação ao trabalho dos Santos em terra.

No final, colocamos alguns conceitos teológicos da doutrina espírita umbandista através da ótica dos espíritos, pois consideramos relevantes que cada ser tenha consciência do caminho que segue, enquanto espírita e devoto dos espíritos.

Para finalizar desejamos que todo este trabalho seja uma mais-valia para todos os que se servirem dele, pois, o conhecimento teológico é essencial na vida de todos aqueles que buscam crescer e evoluir através dos espíritos.

Os autores:

A Bíblia Real

Lendas, arquétipo e definições de Iansã

1. Definições

Cor: Amarelo ou Vermelho

Elemento: Raio e vento

Dia da semana: Quarta-feira

Comemoração: 4 de dezembro

2. Os Orixás segundo as tradições religiosas

Os Orixás são ancestrais divinizados pelo culto do candomblé, religião trazida da África para o Brasil durante o século XVI, pelo povo Iorubá. Dentre os Orixás que eram cultuados estão Iansã, dona dos ventos, raios e trovões, grande guerreira que conduz a energia dos ventos. A Orixá da liberdade e dos direcionamentos, dos fenômenos climáticos das intempéries.

De acordo com o Dicionário de Cultos Afro-Brasileiros de Olga Cacciatore, os Orixás são divindades intermediárias entre Olorum (o Deus supremo) e os homens em terra. Na África eram cultuados cerca de 600 Orixás, destes foram trazidos para o Brasil cerca de 50, que estão reduzidos por volta de 16 no Candomblé e cerca de 8 na Umbanda. Mas muitos destes são considerados como antigos reis, rainhas e heróis divinizados, os quais representam as vibrações das forças e elementos da Natureza como raios, trovões, tempestades, águas, caça, colheita, rios, cachoeiras, como também grandes ceifadores da vida humana, representando as doenças e pestes epidêmicas; e ainda cobradores das leis sociais e do direito, como leis morais bem como as leis divinas por força da justiça santa do Criador através dos Exus.

No Brasil, cada Orixá foi associado a um Santo da igreja católica, numa prática que ficou conhecida como sincretismo religioso. Iansã é sincretizada como Santa Barbara na maioria dos estados brasileiros, sua data é comemorada em 04 de dezembro.

3. Lendas do Orixá Iansã

Iansã é uma Orixá que teve seu culto nascido na Nigéria, mais especificamente nas margens do Rio Niger. Segundo uma de suas lendas o nome "Iansã" é um título que Oyá recebera de Xangô. Esse título faz referência ao entardecer, Iansã "A mãe do céu rosado" ou "A mãe do entardecer". Assim, falar em Oyá ou Iansã é falar da mesma Orixá.

Segundo as lendas e o conhecimento popular e das religiões de vertente espírita/africana Iansã é uma grande guerreira. Conforme sua própria história lendária Iansã foi esposa de Xangô, mas antes disso percorreu vários reinados e conviveu com vários reis para que pudesse angariar conhecimento e sabedoria para si mesma.

Iansã usava sua astúcia, inteligência e poder de sedução para se aproximar e conviver com aqueles ao qual desejava em busca do que queria. E foi assim, que durante suas andanças pelo mundo se envolveu e foi à paixão de muitos Orixás como Ogum, Oxaguian, Exu, Oxossi, Logun-Edéaos quais recebeu grandes aprendizados em diversas áreas.

Porém, ao que diz a história, não teve o mesmo poder de seduzir Obaluaê, mas mesmo assim se debruçou em aprender sobre a morte, então se conformou em relação ao que conquistou até então.

Em Ire, terra de Ogum aprendeu manusear a espada e ganhou deste, o direito de usá-la, até que partiu em direção a Oxogbô, terra de Oxaguiam onde aprendeu a manusear o escudo para se proteger de seus inimigos, e igualmente recebe de Oxaguiam o direito de usá-la. Mas também de lá partiu até encontrar-se com Exu.

Com ele também se relacionou, aprendeu os mistérios do fogo e da magia. Partiu de lá e no reino de Oxossi, também seduziu o Deus da caça, mesmo tendo recebido os avisos de sua esposa, Oxum que havia o avisado sobre os poderes e encantos de Iansã. Mas mesmo assim, Oxossi através da força da paixão com ela se envolveu. Iansã com ele aprendeu a caçar, dominar e tirar a pele do búfalo e se transformar naquele animal, com as magias que aprendeu com Exu. Seduziu Logun-edé, filho de Oxossi e Oxum e com ele aprendeu a pescar, outra habilidade dentre tantas.

Logo depois, partiu para o reino de Obaluaê, com a intenção de descobrir os seus mistérios e quem sabe também seu rosto, através do seu mesmo poder de sedução, porém seu plano foi frustrado em relação a seduzí-lo, mas mesmo assim aprendeu tudo o que lhe foi possível.

4. Fortaleza de Iansã

Conta à lenda que devido a sua inteligência, poder de sedução e sagacidade, Iansã percorreu vários reinos em busca daquilo que mais queria, que era o conhecimento e os segredos dos diversos reinos dos vários Orixás. Utilizando sua capacidade de despertar paixões, aprendeu muitas das habilidades que a transformou na deusa Iansã. Exceto pela negativa de Obaluaê que não se deixou nunca se levar pela sedução de ninguém.

Conforme a lenda, tal qual seu marido, Iansã tem um incontestável espírito guerreiro, embora utilize de seu poder de sedução, não há como negar a tenacidade e a audácia para enfrentar qualquer desafio em busca de seus objetivos.

Ainda que estes sejam regados de malícia, sedução e muitos disfarces amorosos e apaixonantes, ela não pertence a qualquer linhagem de sonhadores, ela é pura racionalidade, sensatez, esforço e determinação. É evidente o espírito pertencente apenas aos mais fortes e devotos guerreiros em busca de seus sonhos.

Iansã assume o papel de deusa-mulher, conhecedora da força e do poder que tem; as vezes sedutora as vezes guerreira; as vezes mestre, as vezes aluna, as vezes menina-aprendiz, outras vezes mãe-professora. Ou aquela que com sabedoria aprende, e com maestria, ensina. Tão sagaz e inteligente na busca do que deseja, muito embora não tenha conseguido descobrir a identidade de Obaluaê, não se pode negar o poder e a determinação à procura do que deseja.

E assim é essa deusa Iansã, arquétipo livre, destemido e selvagem em seu íntimo, capaz de construir a própria história com a força inimitável ao qual se apresenta para a humanidade, pela força de seu próprio ser. Incapaz de viver sem a benção de outros deuses auxiliando na construção de seus caminhos para a própria busca de evolução, até que se torne mestre das escolas em que passou.

Prova disso é que após muito angariar aprendizado, Iansã serviu de grande valia quando Oxalá precisava vencer uma batalha. Nesta ocasião, ele contava com a força e inteligência de Ogum, que era feitor de armas para a produção do armamento, porém, Ogum não conseguiu atender a demanda de

Oxalá. Iansã percebendo a ansiedade de Ogum se colocou a ajudar na fabricação das armas soprando o fogo que as forjavam.

5. Arquétipo e semelhança

Segundo o entendimento popular religioso as pessoas que são guiadas por alguns Orixás, ou Orixá de cabeça, são aquelas que possuem características dominantes e personalidade semelhantes aos seus guiadores.

Seguindo este entendimento, muitos consideram os filhos de Iansã como sendo pessoas de temperamento e opinião fortes em relação aquilo em que acreditam. Acreditam que devido a personalidade da Orixá, aqueles que são guiados por ela, estão em constantes mudanças. E por isso, são pessoas bastante abrutas em determinados momentos.

O entendimento religioso popular os considera pessoas impulsivas de grandes tormentas espirituais, e que precisariam de muita energia e coragem para serem controladas e vencidas. Pois naturalmente, são pessoas determinadas em realizarem aquilo o que desejam ainda que custe muito esforço, energia e lágrimas.

Em geral não se importam com preço que deverão pagar desde que alcancem suas metas, o que podem lhes custar também muitas amarguras e angústias na vida pessoal.

6. Características dos filhos de Iansã

Conforme ainda, o entendimento popular e lendário, os filhos e filhas de Iansã seriam pessoas de temperamento forte, impulsivos e impacientes.

São naturalmente pessoas batalhadoras e guerreiras, pois estão dispostos a travarem lutas diversas se for necessário para conquistarem o que desejam. E para vencerem suas batalhas pessoais estariam dispostos a enfrentar outras e novas batalhas se for necessário, pois jamais abandonariam uma ideia ou tese.

A palavra determinação parece ser nascida com eles, pois os filhos de Iansã são considerados teimosos quando se trata de algum ideal, e irão seguir eternamente obstinados suas ideias.

Apoiando-se a própria história da Orixá, acreditam que igualmente a ela, possuem uma certa tendência de mudarem de caminho por diversas vezes, pois as mudanças fazem parte daqueles que querem encontrar novas formas e métodos para chegar onde querem, assim como Iansã.

As escolhas por uma profissão também pode mudar radicalmente desde que traga prazer e satisfação pessoal, o mesmo ocorre com as amizades e gostos pessoais. Pois estão sempre em busca de agradar a si mesmos.

Acredita-se que essa mesma tendência existe em relação às escolhas de parceiros, até que encontrem alguém que seja submisso e obediente as suas vontades e desejos, por isso um filho de Iansã não tem medo de mudanças ou novos desafios, uma vez que o que importa acima de tudo é estar satisfeito com suas vontades interiores.

7. Santa Bárbara

Dentro do sincretismo religioso encontra-se a relação de Iansã com Santa Barbara. A história conta que Santa Bárbara nasceu em Nicomédia, na Ásia Menor, e que pertencia a uma família de posição social elevada e de prática pagã. Mas Bárbara, diferente de seus pais, ocultamente conseguiu instruir-se na religião cristã.

Seu pai tinha esperança de fazer-lhe um grande e honroso casamento, devido seus dotes especiais como a beleza e a inteligência, porém Barbara não se mostrava muito interessada uma vez que tinha crenças religiosas diferentes de seus pais sobre essa questão. Até que um dia, diante de tantas indiferenças, seu pai descobriu sua condição cristã e ficou furioso e seu amor paterno se transformou em total ódio e abominação pela filha.

Então o pai passou a ameaçá-la e torturá-la constantemente para que deixasse a crença, até que um dia ele a denunciou ao prefeito da província, Martiniano. Com este fato desumano e maldoso de seu próprio pai, o coração da jovem sentia-se dilacerado e ao mesmo tempo dividido entre amores opostos, sendo um dos lados o amor aos pais e do outro lado o amor de Cristo, amor supremo e bondoso.

A jovem Bárbara, que apenas desejava ser amada pelos pais assim como o Mestre Jesus, compreendera bem as palavras de seu salvador: "Não julgueis que vim trazer a paz à terra, eu vim trazer a divisão entre o filho e o pai, e entre a mãe, e os inimigos do homem serão as pessoas da própriacasa." (Mt. 10,34-36). E essas eram as mais duras e verdadeiras palavras de ensinamento para que pudesse resistir forte em sua crença.

A história conta que a moça suportou com firmeza, fidelidade e lealdade sua promessa cristã, ainda que isso lhe custasse à paz e a felicidade familiar, pois tudo o que precisava, encontrava sobre as palavras Cristo.

Mas naquele tempo em que o imperador Maximiano julgava os homens pelas suas escolhas morais, religiosas e de conduta, nos primeiros anos do século IV, o imperador ordenou que lhe fossem aplicadas inúmeras sentenças de tortura devido a teimosia em não se desfazer de sua fé cristã. E diante da negativa da moça, mesmo ferida e coberta de machucados por todo o corpo, fora então ordenado a maior sentença para um homem, a sentença de morte.

E diante do ódio e da tamanha fúria devido as suas decepções pessoais o próprio Dióscoro, furioso, num excesso de barbárie, prontificou-se para executar a sentença, então, atirou-se contra a filha, que se ajoelhou e colou-se em sagrada oração, porém, teve a sua cabeça decepada.

Logo após o cruel e impiedoso crime, desencadeou-se uma formidável tempestade e o pai, atingido por um raio, caiu igualmente morto.

8. Sincretismo de Iansã e Santa Bárbara

Na Umbanda, Santa Bárbara é sincretizada como Iansã, no catolicismo Santa Bárbara que é uma das mais populares Santas, martirizada por sua luta pessoal, simbolizada de honra e verdade religiosa. Possui uma ligação pessoal com os raios e as forças vindas das energias celestiais muito presente em sua triste história.

Mas a questão da sincretização entre os Santos católicos e os Orixás, é bastante comum, já que durante a colonização no Brasil o culto aos Orixás era totalmente proibido. Então os escravos para que pudessem honrar seus Orixás e praticarem suas crenças, passaram a associar suas divindades com os Santos católicos, de forma a esconderem suas verdadeiras devoções e nãos serem punidos ou mortos por isso.

Mesmo com forte sincretismo, Iansã é considerada uma das mais fortes e destemidas guerreiras das religiões de matriz africana ou "vertente espírita", como a Umbanda e o Candomblé.

Embora possua vários mitos, essa Orixá está associada aos raios e tempestades, um destes mitos está ligado ao seu ofício junto a Ogum na fabricação de armas e ferramenta de trabalho, pois ambos queriam colaborar na construção do mundo. Por isso, parte de sua atividade era na fabricação de armas para guerrear suas próprias batalhas. Um dos motivos era que tanto Ogum quanto Iansã eram apaixonados por batalhas, e foram as vossas batalhas pessoais e o desejo de lutar por seus objetivos que os tornaram grandes e reconhecidos guerreiros.

Este era sem dúvida um dom intuitivo dessa destemida guerreira que se tornou símbolo de adoração e devoção entre seus filhos e devotos.

Porém jamais poderemos negar que tanto Bárbara quanto Iansã, independente das crenças doutrinárias distintas, possui corpo e alma nutridos de raio e de faíscas, capazes de entregarem-se a própria morte à terem que viver uma vida sem significado próprio. Até porque nem mesmo a morte seria capaz de apagar ou matar as vossas histórias devido as vossas verdades, e certamente não o fez.

São "entidades espirituais" que brindam a vida e a morte, conhecedoras dos significados da existência plena, onde a plenitude jamais se viverá através do corpo unido ao espírito, mas sim pela essência vivendo a espera da nova vida. Ou aguardando seu próprio rito de passagem pelos vales da dor e do sacrifício em campo terreno para provar suas verdades ao término de suas missões.

Elas foram nascidas para enfrentar o mundo e viverem suas próprias sentenças, não pela mão dos homens, mas pelas escolhas. Fato este que vemos até os dias de hoje, onde uma foi martirizada como Santa e a outra divinizada como Orixá, não por terem sido simples influenciadoras em seus tempos históricos, mas por terem seguido suas missões conforme aquilo que lhes foi ordenado pelo mundo espiritual.

Embora as crenças possam mudar de uma doutrina para a outra, a verdade é que o "reino celestial" de onde partiu uma, também partiu a outra. Em tempos, em momentos e com histórias distintas, mas com influências das mesmas "fontes espirituais de emanação divina".

Por isso, tanto uma quanto a outra é regida pelo mesmo raio de atuação ou força divina de poder e de luz espiritual que é a força elétrica que une os céus e a terra em uma única frequência de vibração e de vida.

9. Iansã e as guerras

Nas culturas religiosas e populares Iansã está ligada aos ventos, tempestades e deslocamento de ar e tudo que se movimenta através da força da energia ou força dos ventos. Então todas às vezes que ocorre um fenômeno natural de ordem divina e abrupta, seus devotos acreditam que seja Iansã se manifestando, isso porque esta Orixá segundo sua lenda, está diretamente ligado a tudo que se movimenta pela condução da energia.

Segundo as lendas de Ogum, ele como grande guerreiro, participava de inúmeras guerras em defesa de seu povo. Mas em determinada guerra, Iansã o ajudou assoprando vento para fabricação de armas, então ficou conhecida como "Senhora das batalhas", pois guerrear era uma habilidade geralmente reconhecida por arquétipos masculinos. Embora não tenha ido até os campos de luta, Iansã era destemida o suficiente para ajudar na construção de armas que seriam utilizadas nas lutas de diversos guerreiros. Deixando sua marca e contribuição em diversas frentes que o povo enfrentou junto a Ogum.

Outro mito importante é a questão de manipular raios, trovões e a eletricidade; a história diz que Iansã teria recebido esta habilidade de Xangô, por conta da paixão que despertou nele.

Embora Iansã esteja ligada a força dos ventos, costumeiramente também é reconhecida por seu "dom" de despertar sentimentos avassaladores por onde passou. E justamente por conta dessa capacidade pessoal, é que segundo sua lenda, ela teria recebido de Xangô a habilidade de manipular seus poderes através dos trovões e da eletricidade. Tudo por conta da paixão que despertou em Xangô.

10. Iansã, a energia que nos move

A relação de Iansã com as guerras, tendo sido ela considerada uma guerreira por atuar junto a Ogum na fabricação de armas, está totalmente ligada ao processo de reconhecimento da necessidade das fontes de energias naturais para a produção de quase tudo o que existe no mundo.

Isso porque a energia que possui a força dos ventos é fundamental para a criação de energia mecânica, inclusive para a produção de instrumentos, máquinas e objetos fundamentais para o desenvolvimento da humanidade.

Certamente esta é uma das grandes participações de Iansã na humanidade e na construção social de um todo, pois o vento possui uma importância muitíssimo grande no campo terreno. O vento não é apenas aquilo que se move e espalha poeira pelo chão, ele é o fluxo de gases em grande escala na superfície da terra, e consiste no movimento de ar em grande quantidade, fazendo a terra fluir e se movimentar.

Ao longo da civilização humana o vento inspirou e influenciou muitas coisas; impulsionou meios de transportes, inspirou guerras, proporcionou fontes de trabalho mecânico, eletricidade e recreação. Por isso o vento foi quem impulsionou a era da descoberta e as grandes viagens marítimas, sem contar o campo da mitologia. Na mitologia grega, por exemplo, os ventos eram regidos por Éolos, e a cada vento era atribuída uma direção cardial.

Os ventos são capazes de transformar a superfície da terra através da erosão, dando origem a solos férteis para a agricultura. É capaz também de transportar a poeira ao longo de grandes distâncias no deserto e as sementes de várias plantas, o que é fundamental para a sobrevivência de algumas espécies e das populações de diversos insetos e aves, responsáveis também por transportar sementes.

Por outro lado, os ventos associados a baixas temperaturas podem, ter um impacto negativo sobre o gado, afetando as reservas alimentares e as estratégias de caça e defesa dos animais. As áreas de cisalhamento de vento provocadas por fenômenos meteorológicos podem representar perigo para a aviação, e os fortes ventos podem destruir ou danificar árvores e reservas naturais.

Então estamos falando de uma fonte de energia poderosíssima divina capaz de controlar e equilibrar diversos sistemas naturais em campo terreno por ordem do Criador.

Este entendimento vai além de nossos conceitos mitológicos/religiosos disseminados através de doutrinas que visam apenas o campo mitológico. Porém, a teologia estudada através de A Bíblia Espírita – A Bíblia Real, nos mostra Iansã como fundamental representante de uma das fontes mais importantes que existem em terra governada por Deus que é a própria natureza divina. E o poder de Iansã vai além de soprar os ventos e caminhar por diversos reinos, sua força se encontra no equilíbrio à superfície da terra, bem como o equilíbrio do espaço sideral através do vento solar e do vento planetário por força dos gases que movimentam os elementos químicos leves a partir da atmosfera do planeta em direção ao espaço.

Por isso digo, que o entendimento para o consumo de energia mudou completamente ao curso da condição humana, pois a habilidade de produzir e construir depende deste poder de forças que existe em campo terreno que é regido por força de fonte de energia celestial aqui chamada por nós de Iansã.

11. A Liberdade

As viagens mitológicas de Iansã em diversos reinos de diversos Orixás em busca de aprendizado nos contam sobre a capacidade de realizar trabalhos diversos, tendo sido impulsionada pela mesma energia que produz bens materiais. Que é a força das energias que vibram em campo terreno e eclodem sobre os seres e seus feitos para o mundo.

A história diz que Iansã saiu em busca de maior conhecimento utilizando a lascívia, ou tendo sido muitas vezes levada pelo desejo sexual e amoroso. Isso quer dizer que até mesmo para utilizar de energia sexual que existe em todos os seres, se faz necessário impulso, e esse impulso é feito através da energia que move todos os seres. Caso contrário a humanidade não se reproduziria.

Embora Iansã represente os ventos, os ventos é o que representa a liberdade, a descoberta, as paixões, a busca, a vontade de crescer, aprender, evoluir, se movimentar e movimentar o mundo, por conta da manifestação espiritual intrínseca do ser.

Por isso, a viagens mitológicas desta deusa, não a colocam como uma inconsequente em busca de momentos de paixões, e sim um espírito livre, assim como "o vento", livre, caminhando em busca de novas direções que o faça sentir vivo. Sem tempo, sem lugar, sem direção, sem condicionamentos de terra, sem imposições, sem amarras, apenas livre e vivo.

Teologia Espírita
Iansã

1. Natureza santa e os Santos

Deus é a natureza divina

O poder da natureza expressa à natureza do Criador; somos criaturas pertencentes à Deus com consciência, sentidos e personalidade própria, sem deixar nossa existência espiritual e eterna de lado.

Então isso é o mesmo que dizer que a criação é a extensão do Criador.

Deus não é somente energia, mais energia que nasce Dele mesmo, aliás, tudo o que existe decorre Dele, pois Ele também é consciência pessoal divina.

A compreensão divina parece ser difícil quando falamos de Orixás, Guias, e Espíritos de Luz, mas vou falar de uma maneira bem simples para que possam me compreender.

Deus é a divindade suprema de natureza onipotente, onisciente e onipresente que cria todas as outras unidades espirituais, inclusive os Orixás, os Guias, Os Espíritos, os seres vivos, a natureza e tudo o que possa existir. E cada um possui sua própria forma de ser, pensar e existir que parte da singularidade divina.

Seria impossível haver humanidade sem a natureza e as forças que a regem, até porque a natureza é uma forma de expressar Deus de maneira orgânica para os seres orgânicos que vivem nela.

Tudo o que existe em campo terreno vibra através das forças espirituais em forma de vibração elétrica. Então tudo depende e precisa das fontes divinas que emanam e regem o campo terreno. Fontes estas encontradas nos rios, matas, cachoeiras, oceano, o próprio solo da terra, os ventos, o fogo e a energia que unem todos eles a energia divina.

Isso porque, tudo que é constituído de vibração e energia depende e precisa das mesmas fontes divinas de ligação direta entre o Criador e o campo terreno, porque tudo que está em campo terreno é igualmente vivo, e vivo porque Deus derrama suas forças e faz tudo existir, assim como Ele mesmo, Espírito vivo emanando Luz em forma de raios de energia sobre todas as coisas. (A Bíblia Espírita, A Bíblia Real).

E qual é o papel da natureza entre nós? Mais do que servir de elemento vivo para nossas vidas, é receber as energias santificadas de Deus para que possamos ser vivos, assim, tudo o que vem da terra e que é vivo porque Deus os permite.

Mas o que é a natureza? É a força santificada por Deus para abastecer a vida carnal, trocando energia vibracional porque é sobre a natureza que Deus jorra todas as energias espirituais que o campo terreno, e é também através dela que o Criador manipula as energias em terra existentes.

Enquanto os Santos são as fontes de energia de Deus que emanam as energias espirituais santificadas para alimentar os encarnados de luz divina, a natureza é a fonte recebedora destas energias santificadas, atuando como um campo de recolhimento das fontes de energia direta de Deus.

Como funciona? A natureza é formada de vários elementos orgânicos e essenciais, criados por Deus para que a vida na terra possa existir. E é através do poder natural que existe nos elementos que o Criador manipula e rege todo o campo terreno.

É através da energia espiritual existente nas coisas criadas por Deus, se juntando em total harmonia espiritual que a vida nasce, cresce, se alimenta e se finda ao término da jornada. Mas tudo isso só é possível porque o campo vibratório natural que recebe a luz divina está em plena aliança e paz com sua missão para com Deus.

Porque uma das missões da natureza é justamente alimentar, dar vida, fazer nascer, cuidar, ajudar procriar e ao término da missão receber aquilo que dela também veio. Isso quer dizer que o campo natural, o que inclui, os oceanos, as matas, o solo da terra, as árvores, as frutas, as florestas, as cachoeiras e tudo o que nasce de forma natural com vida espiritual tem como missão auxiliar os homens, a crescerem e progredirem em campo material.

Porque nisso encontra-se a missão eterna dos frutos benditos e naturais vindos de Deus para servir ao próprio Deus da maneira que ele mesmo ordena que seja feito. Alimentando com os frutos, refrigerando com as águas, purificando com os ventos, servindo de dormitório com o chão da terra, retirando as impurezas com as energias límpidas, renovando com os raios de luz, aquecendo com o fogo, acalentando com as diversas fontes sagradas distribuídas uniformemente entre os mais diversos "sistemas" naturais que somente um Pai tão bondoso e amável poderia fazer por seus filhos.

E tudo isso só é possível por força da própria natureza que recebe as energias essenciais de Deus para essa missão de alimentar os homens e mantê-los vivos até o fim de suas missões. Mas tudo isso só é possível com a ajuda dos Santos.

E como isso acontece? Deus precisa jorrar sobre o campo terreno suas próprias forças espirituais, porém, as energias do Senhor Deus de tão grandes que são, poderiam destruir o campo terreno.

Imagine você colocar o planeta júpiter dentro de uma caixinha de sapato? Impossível, não é? Isso é Deus, Criador de todos nós, uma força descomunal e muitíssimo grande para colocar dentro do campo terreno. Então, o Criador, criou e ordenou os Santos para que façam esse trabalho em seu nome.

Isso quer dizer, ele criou e ordenou 7 (sete) distintas energias de poderes essenciais e as santificou, para que possam através desta divisão de forças em outras 7 (sete) fontes de energias, Ele mesmo sustentar os elementos orgânicos e os seres encarnados. E assim, conseguir manter todos os seres que possam existir igualmente vivos em terra por ordem divina.

Por isso os Santos são a força divina que alimentam o campo natural e não a própria natureza, pois esta não possui vida por si própria, a não ser através do poder e da ordem de Deus de cumprir a missão de alimentar a vida da terra.

2. Porque representam as forças da natureza

Quando falamos em Santos, falamos nas fontes divinas que recebem as energias espirituais de Deus e descarregam sobre a terra. Os Santos não são a própria natureza, mas sim receptores das forças divinas e "derramadores" destas forças sobre a terra.

O poder de manipulação dos elementos naturais pelos Santos, Espíritos e Guias vem exatamente deste fato, pois ao mesmo tempo em que as recebem de Deus, precisam também derramar, caso contrário seriam destruídos devido ao tamanho da força que recebem e podem manipular.

E a natureza grandiosa e poderosa que é, recebe todas as energias e as torna vivas tornando vivo tudo o que tem essência espiritual orgânica ao qual sua missão é reger e cuidar.

Então as forças espirituais santificadas representam o poder da natureza, pois estão diretamente ligados ao poder natural dos elementos da terra, consagrados por Deus. E todas estas energias e forma de emanação nos direcionam a um único ponto, nosso Pai Maior.

Por isso lhes digo que sem os elementos naturais não seria possível existir vida sobre a terra, pois não teríamos como servos alimentados em energia espiritual sem estas gigantescas fontes de amor e de luz, jorrando a soberania de Deus.

Logo, os Santos são aqueles que representam o próprio pó da terra, da qual sem o ar, a água, a terra, o fogo, as energias vibracionais, não se pode existir vida.

3. Teologia espiritual e a força dos ventos

O vento sopra onde quer, ouves a tua voz, mas não sabe de onde vem, nem para onde vai, assim é todo que é nascido do espírito. (João 3:8).

Os ventos anunciam as tempestades e as tempestades anunciam os raios e os raios anunciam os trovões. Nada e nem ninguém é capaz de barrar ou parar suas forças, pois ninguém sabe de onde vem ou para onde vai, apenas sabem que existe.

É divino constatar que assim como as águas que surgem do cume da terra e caminham livres e corrente por onde querem, sendo incapazes de serem barradas ou exterminadas, porque tudo o que possa ter vida terrena necessita do seu poder e das suas forças de existências. Assim também são as forças dos ventos que se movem e chegam aonde desejam sem que possam ser barrados ou destruídos por qualquer outra força terrena, uma vez que suas forças nascem e são ordenadas pelo único e poderoso Deus que as ordena estar entre nós.

Assim é a força incontestável de grandeza espiritual chamada de Iansã, nascida do sopro divino levando o vento para onde quer, mas ninguém sabe de onde vem, para onde vai ou o que carrega espiritualmente.

Iansã é energia constituída de poeira que caminha por entre os mundos e ninguém o vê, ninguém os barra, ninguém os enfrenta. Porque ninguém conhece sua verdadeira existência espiritual, pois o vento é sopro e sopro é elo espiritual entre a vida e a morte.

4. O vento

"Iansã é livre e caminha por onde quer"

A essência divina constituída de energia oculta chamada vento, criada para a missão de reinar sobre o campo terreno sem ser vista, tocada e observada é a junção das forças energéticas do Criador vibrando em terra e da essência orgânica para a função de limpar e carregar energias para outros cantos do mundo, disseminando e purificando as camadas da unidade terrena, conforme as ordens divinas.

Por isso digo que o vento é espírito que vai e vem sem antes anunciar seus desejos, vontades ou "missão de ser e estar" onde quer que necessite a sua presença. Logo, o vento é a força que move o que acontece em oculto, assim como o espírito que vem e vai, sem que isso seja da nossa vontade, ele simplesmente é.

As diversas viagens mitológicas de Iansã em diversos reinos em busca de conhecimento e evolução nos conta sobre a sua própria natureza oculta, que é bem semelhante aos ventos, em busca da sua própria liberdade de alma.

A primeira coisa é compreender que o espírito é livre e não foi nascido para ser contido, barrado e entendido; embora possa ouvir, discernir, angariar conhecimentos, assim como os ventos, todo espírito é livre. E mesmo que estejamos encarnados, o espírito é livre em sua essência, por isso caminha por onde quer, levando e trazendo tudo o que é necessário para sua própria unidade espiritual de evolução. Por isso, Iansã percorria por diversos reinos em busca daquilo que para ela era essencial e necessário para o crescimento espiritual. Assim devemos ser todos nós!

5. Liberdade dos filhos de Iansã

E assim como não tem como impedir que o vento sopre, caminhe e ande por onde ele quer, também não tem como impedir que os filhos de Iansã sejam livres como ela também é.

Por isso que ela é representante do vento ou da liberdade de alma, porque liberdade é vento que sopra e conduz toda e qualquer força de energia e magnetismo que faz vibrar e transformar um ser em outro ser, ainda mais dotado de conhecimento, sabedoria e evolução, quando este está aberto para voar e buscar a própria evolução.

Mais essa liberdade os encarnados ainda desconhecem porque vivem presos em normas, éticas, condutas, morais e ideias maquiavélicas e mesquinhas ao invés de usarem seus poderes de liberdade espiritual para visitarem e aprenderem em outros reinos existenciais de pensamentos livres (outros encarnados), desnudos de críticas e achares que mais ferem e machucam do que fazem crescer.

A liberdade é algo que serve para todos, e quem nos mostra isso, é a deusa das guerras, quando atravessa reinos e reinos em busca do que deseja, sem ao menos se importar com o que iriam falar a seu respeito, apenas seguindo seu coração, assim como o vento adentrando forte sem medidas para cumprir sua determinação.

Claro que isso faz parte da simbologia, porém, não é raro o engano sobre o arquétipo e a personalidade dos que a chamam de "mãe espiritual". Porque mesmo que os filhos de Iansã sejam dotados desta liberdade de alma em vossas matrizes espirituais (aquilo que os compõe espiritualmente, referência A Bíblia Espírita).

Cada ser encarnado é um ser dotado se suas próprias experiências, desejos, vontades, sabedorias, discernimento, evolução, poder de compreensão, e principalmente temperamento e equilíbrio emocional; ainda assim, não é raro acreditarem que seus temperamentos desajustados e desequilibrados se devem ao comportamento de Iansã, desconsiderando que a arquetípica deusa, em nada representa desajustes, desequilíbrios emocionais e inconstâncias.

Ela representa a liberdade do espírito, então ela é aquela que sai em busca de seus desejos e ideais, e assim como um raio rasgando o céu sem saber exatamente a onde vai cair, ela rasga-se em mil partes de cada conhecimento que ganhou, por cada "mundo" onde andou, para tecer lá na frente aquilo que será à partir do que construiu de si mesma.

Por isso, eu digo que ela é a força espiritual dando lugar a evolução por força da coragem de se deslocar de lugar em lugar para ser "o que está por ser".

Mas o vento não é brando, ele é duro, impiedoso, ele vem rasgando e desconstruindo tudo o que está em sua frente para se tornar algo novo. Assim são os filhos de Iansã, a tormenta em forma de "aprendizes conscientes encarnados" se deslocando e se reconstruindo para construir algo novo em suas próprias existências.

E mesmo que muitos confundam liberdade de se expressar e expor suas vontades, desejos e ideias com desajuste comportamental ao expor seus pensamentos, sem a preocupação de ferir ou magoar outros "mundos", é preciso compreender que isso nada tem a ver com o arquétipo espiritual, e sim com a própria natureza do ser que o pratica.

E embora saibamos que os filhos de Iansã, naturalmente possuam o ímpeto de adentrarem a outros "mundos" não de maneira tão delicada e doce, tal qual o raio que corta os céus, sem se preocuparem por onde irão cair, é preciso respeitar o direito dos outros seres encarnados ou outros "mundos" para que feridas não sejam criadas e responsabilizadas erroneamente a unidade espiritual Iansã.

Até porque o que a caracteriza é a liberdade de alma e não o temperamento, pois o vento voa como um raio, para cumprir missão espiritual, jamais para destruir àquilo que Deus não concedeu o direito de destruir. Os outros "mundos" pertencem aos outros "mundos" e não a Iansã, por isso, jamais ferirá ou destruirá algo que não lhe pertence ou não lhe fora concedido o direito.

6. O espírito vento

O espírito não é para ser contido ou barrado, mas para caminhar em busca de seus caminhos evolutivos. Ele tira os véus dos olhos encobertos de erros e crenças de terra para que possam seguir novos caminhos. Ele é quem aponta novas direções, te faz discernir, pensar, caminhar, buscar seus objetivos, vencer o medo, arrancar os sentimentos ruins do peito, dar lugar ao novo.

Ele é o oculto que não sabemos de onde vem, não sabemos onde vai soprar, mas podemos ouvir sua voz, através do espírito que também é vento.

Geralmente ele sopra onde a gente não quer ou contra as nossas vontades, porque ele é livre, então quando você pensa em Iansã, pensa em Deus, e em suas plenitudes e liberdade. Espírito sem condicionamentos, barreiras, fronteiras, decretos, proibições, sem isso ou aquilo que o impeça de voar e fazer o que deseja.

O sopro é o que dá a vida e o que carrega a vida, possui a energia da vida e da morte por força do mistério que carrega dentro de si. E o maior deles é exatamente não sabermos quem somos, de onde viemos e para onde iremos, pois somos sopro, somos vento que partirá da vida para a morte, sem saber quais ares o soprou.

Mas a crença te faz seguir e mudar seguindo a fé interior, mesmo sem compreender o que é esse interior para se encontrar com a vida em outros caminhos. Então ainda que não saibamos exatamente para onde estamos indo, a crença nos faz seguir em direções jamais imaginadas. E isso é vento soprando direções divinas e nossas vidas, isso é Iansã, mudando a direção daquilo que nos aflige, daquilo que dói, daquilo que angustia e alterando nossos passos para direções novas. É preciso respeitar a direção que o vento sopra.

7. Abrigo divino

O campo terreno é um campo de lapidação de almas através das missões que cada espírito encarnado possui. Espiritualmente, aqui é um abrigo sagrado que recebe todas as forças, poderes e emanações de Deus, tornando-se uma casa sagrada para lapidação de almas. E somente se tornando uma casa sagrada poderia mostrar ao ser humano o poder de amor que o Criador possui, quando cria espiritualmente fontes de emanação de energia direta, espíritos que recebem para encaminhar para a essa terra, tudo aquilo que somente Ele poderia, que são as energias santificadas em forma de amor, caridade, bondade, frutificação, luz, sabedoria, conhecimento, ciência e poder de justiça que somente ele em verdade possui. Porque ainda que os seres de terra tenham tudo isso, esse tudo, foi recebido de algum lugar ou de alguém; e esse lugar é o campo celestial e esse alguém é o próprio Deus, através dos espíritos santificados.

Mas somente com todo esse preparo que a terra recebe e com todas essas emanações cheias de luz divina com o auxílio dos Santos, é possível nascer, crescer e cumprir missão aqui deste lado. Ainda que o campo terreno seja um campo de aprendizado, uma vez que todos os espíritos que aqui se encontram estão de alguma forma buscando sua evolução através de lições espirituais por força de alguma lição que esteja passando, lições estas que muitas vezes chamamos de dificuldades, aqui é o maior campo espiritual e sagrado de amor, caridade e bondade; porque Deus em sua eterna bondade além de nos criar espiritualmente, nos concede viver neste campo espiritual lindo e capaz de nos atender em todas as nossas necessidades.

Este é o único campo espiritual que possui águas límpidas para nos alimentar e refrigerar, solo sagrado para pisarmos e caminharmos, alimentos que brotam do chão para nos alimentarmos, as aves voam tranquilas e serenas, nos mostrando como a vida pode ser leve, tranquila e divina; aqui temos lindas paisagens e vegetações, oxigênio puro para nos abastecer, as vidas nascem e se renovam todos os dias. E tudo isso somente é possível com a santa e sagrada contribuição dos santos, que são espíritos altamente preparados e sagrados em nome de Deus que os permitem serem o elo entre Ele e nós seres humanos, filhos aprendizes do que significa o amor verdadeiro.

E os Santos, que são estes elos que nos ligam à Deus, são a representação do que é o amor divino em sua plenitude, pois tudo fazem por nós, e em nossos nomes. Sem nos perguntar absolutamente nada, sem se importarem se somos bons ou não uns com os outros, sem se importarem se somos verdadeiros em nossas caminhadas ou se estamos aprendendo as lições espirituais ou pregando e fazendo tudo ao contrário do que é a ordem divina. Então os Santos, são a mais pura representação da face de Deus, nos abençoando e nos trazendo luz divina, amor, caridade, piedade, compreensão e justiça divina em forma de alimento espiritual, para o corpo e para alma.

Devocionário aos Santos e Servos de Deus

IANSÃ |54| Lendas, arquétipo
e teologia

1. Conhecendo os Santos

Deus em vossa plenitude misericordioso permite que os espíritos mais altivos e preparados espiritualmente sejam vossos servos espirituais, nas lutas e serviços Santos, para que faça com que o elo espiritual jamais se quebre diante da vossa verdade. Os Santos são o poder que está em tudo e encontra-se em tudo, porque cada Espírito Santo e sagrado é uma ponta deste elo espiritual criado por Deus, para que todos estejam seguros embaixo do manto sagrado de Deus.

Isso quer dizer que mesmo diante das maiores dificuldades de terra, ainda que não possamos falar diretamente com o Criador e lhe pedir socorro, ainda assim existirão aqueles que carregam as forças e energias de Deus e irá levar nossas preces e nos ajudar diante de nossas dores e dificuldades.

O Pai Maior jamais nos abandonará, porque aonde existir uma intenção boa em vosso nome, lá Ele estará, ainda que através de um de seus servos, os Santos, que carregam as vossas energias santificadas e vontade de nos acolher e nos cuidar em todos os momentos de nossas caminhadas terrena.

A bondade divina é eterna, por isso, ele nos abençoou com esses espíritos santificados para que jamais estejamos sozinhos e desamparados, porque ainda que Ele mesmo não adentre em espírito neste campo sagrado, sempre haverá um espírito preparado em vosso nome para nos socorrer e nos abençoar, representando ele mesmo e carregando as vossas próprias luzes.

E essa verdade não muda devido a igreja, ao templo, a casa espiritual; porque Santo é Santo em qualquer lugar, suas ações e missões independem dos encarnados. Porque ainda que estes possuam cargos e patentes de terra diante de suas doutrinas, em nada suas vontades podem interferir naquilo que devem fazer em nome daquele que vos criou e vos ordenou a serem o que são. Por isso, os Santos não caminham sobre ordens e diretrizes de homens de terra, mas sim sobre as ordens e diretrizes espirituais que os regem e vos guardam em casas sagradas celestiais.

2. Falando com Deus através dos Santos

Falar com os Santos é falar com Deus. Então não importa a onde você esteja, ou em que momento da vida você esteja. Todas as vezes que procurar a intercessão divina através dos Santos eles estarão prontos para vos socorrer, afinal foram criados, preparados e ordenados para essa função. A maior alegria e prazer espiritual para um espírito é saber que o seu trabalho Santo é de fato a luz e a salvação na vida daqueles que precisam de vossos auxílios.

Então, não tenham medo de lhes invocar e pedir tudo aquilo que desejarem, Santo é Santo em qualquer lugar, pronto para auxiliar todos os necessitados. E não é porque um encarnado tem por guiador ou (pai e mãe) uma determinada unidade espiritual, ou um determinado espírito que não poderá recorrer suas preces ou devoção a outro espírito. Os Santos são espíritos criados justamente para nos atender, a missão deles na vida individual de cada encarnado, em nada interfere em relação a intercessão divina, porque uma coisa são as doutrinas de terra, outra coisa, são as verdade e razões pelos quais estes espíritos foram criados.

Por isso não tenham medo de lhes invocarem em preces, músicas, sons ou a forma que lhes tocarem os corações, porque eles são as verdadeiras fontes de luz criadas por Deus para nos ajudar e entre eles não existem vaidades, desejos individuais, vontades próprias, quereres exclusivos, competições ou nada que se refira aos sentidos humanos e encarnados, apenas energia espiritual divina de luz, amor e caridade.

3. Santificados sejam todos os Santos

Devoção aos Santos Espíritos

Santificados sejam todos aqueles que estejam dispostos a trabalharem em nome de Deus para servir ao Criador em favor dos homens da terra, sendo as fontes de energias diretas de Deus para que os homens sejam nutridos e alimentados em todas as suas necessidades de homens. Evocados em nome da santidade que é Deus, sejam todos os espíritos que distribuem luz, amor e caridade, sem pedir nada em troca, apenas pelo compromisso e a missão espiritual para que sejamos aliviados de nossas dores e opressões de homens.

Iluminados sejam todos aqueles que escutam e temem a Deus em todos os vossos dias, pois estes sabem quem é o verdadeiro Deus e a vossa verdadeira força de vida e de morte, ainda que estas estejam distribuídas através dos Santos em prol dos que caminham sobre o verdadeiro espírito de luz e de bondade, único capaz de dar e de tirar a vida dos filhos da terra.

Louvados sejam todos aqueles que abrindo mão de suas próprias unidades, atuam única e exclusivamente a atender a vontade do senhor Deus para que toda as vossas determinações sejam cumpridas.

Abençoados todos os que se sacrificam e se imolam em nome da força maior e do poder supremo, não por medo do fim e da morte, mas por devoção de amor e de verdade ao Deus maior, criador de todas as coisas. Amém.

4. Louvados sejam todos os Santos

Devoção aos Santos Espíritos

Benditas sejam todas as almas, que ainda que vivam sobre a luz de Deus, caminha nas escuridões dos infernos e dos abismos de sofrimento e de dores para auxiliarem aqueles que mais precisam do amor divino, pois ainda que estejam perdidos e cegos de vossas verdades sempre terão um irmão disposto em vos auxiliar, ainda que isso custe as vossas próprias vidas distantes dos paraísos.

Louvados sejam todos os que se entregam em amor e em verdade, até que o fim lhes console, ainda que caminhem dentro e fora dos vales escuros e sombrios da morte, por amor e em amor ao vosso Senhor Deus que vos ordena, ilumina e guarda embaixo de vosso sagrado, porém doloroso manto de paz, amor e de bondade.

A BÍBLIA REAL
ESPÍRITA

CONHEÇA A BÍBLIA REAL, A PRIMEIRA BÍBLIA ESPÍRITA DO MUNDO

Comunidade Espírita de Umbanda Coboclo Ubirajara

Rua Doutor Almeida Nobre, 96
Vila Celeste - São Paulo - SP
CEP: 02543-150

- www.abibliaespirita.com.br
- @abiblia.espirita
- A Bíblia Espírita
- A Bíblia Real / Bíblia Espírita
- faceboook.com/cabocloubirajaraoficial/
- faceboook.com/exuecaminho
- faceboook.com/babalaopaipaulo
- faceboook.com/claudiasoutoescritora
- contato@editorarochavera.com.br

Editora Rochaverá

Rua Manoel Dias do Campo, 224 – Vila Santa Maria – São Paulo – SP - CEP: 02564-010
Tel.: (11) 3951-0458
WhatsApp: (11) 98065-2263

EDITORA ROCHAVERÁ